문영길 두 번째 시집

도서출판 청옥

작가의 말

첫 시집을 내며 느꼈던 불안과 기대가 수그러들 즈음 어쭙잖은 글에도 관심으로 다녀가시는 독자의 응원 덕분에 아직은 미숙한 글이지만 '업둥이'라는 시집 제목처럼, 부족함조차 업어 키워주시리라는 믿음을 바탕으로 부산문화재단의 창작 지원을 받아 두 번째 시집을 선보이게 되었습니다.

현실적으론 쌀 한 되와도 바꾸지 못하여 빈궁한 살림에 보탬이 되지 못함에도 시가 주는 위로와 가치를 인정해 주던 가족이 있었기에 가능했던 시도였습니다.

자극적인 호기심과 넘쳐나는 언어의 유희 속에서 외면당하기 일쑤인 시일지라도 우연으로 마주친 야생화처럼 누군가의 마음에 닿아 잠시 머무는 위안일 수 있다면 시인으로 존재하는 이유는 충분한 것이 아닐까 생각해봅니다.

무엇을 고집하지 않고 상상을 열어두는 여백의 자유로움으로 설득이 아닌 공감의 괄호에서 삶의 본질을 탐구하는 일이야말로 외롭고 지루한 수작업의 연속이지만 때론, 벼랑 끝 근거 없는 두려움에 휩싸이기도 하고 혹은, 아득한 광야에서 정처 없는 방황으로 떠돌던 기억들의 허무를 되새기며

순간으로부터 영원을 발굴해 내는 일, 사랑으로부터 미움을 분리하는 일, 평범함으로부터 특별함을 발견하는 일, 이러한 감정의 뒤치다꺼리하기를 주저하지 않을 것입니다.

아직까지 시인으로 불리는 것이 낯선 건 아직 성장판이 열려 있음의 반증이기에 시에 대한 결핍을 보완하는 과정에 있음을 일깨우게 합니다.

어릴 적 어머님을 애먹일 때마다 듣던 다리 밑에서 주워 왔다는 뜬금없던 불안감에도 정체성을 지키며 시인으로 잘 자랐듯이 제 시도 '업둥이'가 되어 감히 독자의 마음에서 반듯하게 키워지길 소원하며 애정 어린 관심을 보내주신 문우님께 감사를 곁들입니다.

더불어 청소년기부터 제 문학의 바탕이 되어주었던 캐나다로 이민 간 큰누이에게도 사랑을 드립니다.

2017. 10.

문영길

차 례

제1부 마음에 느낌표 하나

몽돌 ………………………………………… 13
부엉이샘 ………………………………………… 14
황태로 거듭나다 ………………………………………… 16
업둥이 ………………………………………… 17
회귀回歸 ………………………………………… 18
꿈의 남획 ………………………………………… 20
호미 ………………………………………… 21
허수아비 풍선 ………………………………………… 22
질경이로 오롯하게 ………………………………………… 23
새벽을 쓸다 ………………………………………… 24
수수 ………………………………………… 25
고사리 ………………………………………… 26
우화羽化하다 ………………………………………… 27
자영업자의 하루 ………………………………………… 28
중년 부부 ………………………………………… 29
정직하지 않은 눈물 ………………………………………… 30
마음에게 묻는 약속 ………………………………………… 31
두레박 ………………………………………… 32
고로쇠나무 ………………………………………… 33
명예퇴직 ………………………………………… 34
빈민의 동굴에서 벗어나다 ………………………………………… 35
인생의 어디쯤이라고 하자 ………………………………………… 36
가장家長 ………………………………………… 38

제2부 수채화로 그린 마음 풍경

포장마차 ··· 41
모래톱에서 정착을 꿈꾸다 ·························· 42
대나무 숲에서 ·· 44
낙동강 하구언 ·· 46
을숙도의 사계 ·· 48
해운대 갈매기로 사는 법 ···························· 50
밤바다 ·· 52
석화구이 ·· 53
상형문자로 쓰는 시 ···································· 54
군무群舞 ·· 55
을숙도 갈대 ··· 56
다대포의 일몰 ·· 57
갯벌 ·· 58
하구언에서 노을을 빚다 ······························ 59
춘월春月 ·· 60
임진강 ·· 61
가로등 불빛에 서성이다 ······························ 62
억새 ·· 63
에덴공원에서 추방되다 ······························· 64
청춘별곡靑春別曲 ······································· 66
청사포 ·· 68
온천천 벚꽃 ··· 69
유배지流配地 ··· 70

제3부 마음 곁에 두는 안부

화롯불 ······ 73
작설차 ······ 74
전화 청진기 ······ 76
사람의 향기 (이해인 수녀님과의 대담을 마치고) ······ 77
허수아비 사랑 ······ 78
명예퇴직 ······ 79
요양원에서 ······ 80
엄마의 재봉틀 ······ 81
그리움의 시중 ······ 82
구석 자리 ······ 84
뻥튀기 ······ 85
신부에게 주는 편지 ······ 86
어머니의 기도 ······ 87
청량사에서 차茶 한 잔 ······ 88
58년 개띠에게 고告하다 ······ 90
갈망 ······ 92
불효不孝 ······ 93
사랑의 결속 ······ 94
별똥별 ······ 95
키 높이 깔창 ······ 96
안부 ······ 97
이름값 ······ 98

제4부 시인의 바랑에 업둥이

습작 ·· 101
시화전詩畵展 ································ 102
빈처貧妻 ······································ 103
어려운 詩 ···································· 104
폐업 ·· 105
늙은 늑대의 변辯 ························· 106
반란 ·· 107
별이 빛나는 밤에 ························ 108
변비를 고민하다 ·························· 109
구제역 ··· 110
말씀 속에 가시 ···························· 111
복고예찬復古禮讚 ························· 112
뼈다귀 ··· 114
전前 ··· 115
막걸리 아리랑 (소천재 사랑방 음악회 축시) ········· 116
다른 계절을 살다 ······················· 118
누이동생의 꿈을 업어오다 ········· 119

부록 — 문순애

빈집 ·· 120
시래기 ··· 121
아침 햇살 ···································· 122
냉이 꽃 ······································· 123
담장에 넝쿨장미 ························ 124
수제비 ··· 125
봉우리를 오르니 ························ 126
소녀의 꿈 ···································· 127
꽃고무신 배 ································ 128

제5부 꽃의 대화를 엿듣다

영산홍 ·· 131
꽃잎 지다 ··· 132
홀씨로 떠나다 ······································ 133
무궁화 꽃이 피었습니까 ······················ 134
무화과 ·· 135
할미꽃 ·· 136
박꽃과 어머니 ······································ 137
겨우살이 ··· 138
개망초 ·· 139
국화차 한 잔 ·· 140
마른 꽃다발 ·· 141
루드베키아 ·· 142
나비, 꽃을 깨우다 ································ 143
산국山菊 ··· 144
무궁화 꽃이 피었습니다 ······················ 145
목련이 지고 나면 ································· 146
산사山寺의 백일홍나무 꽃 ··················· 147
꽃비 ·· 148
민들레 ·· 149
복사꽃 ·· 150
자귀나무 꽃 ·· 151

제1부

마음에 느낌표 하나

몽돌

시간의 끌로 다듬어
빚은 곡선
파도가 빚어내는 둥근 소리엔
뾰족함을 갈아내던
눈물의 인내가 담겨있다

단순한 반복의 권태 속에서
영광의 자리 다투던
부대낌의 고통이 잦아들기까진
멍든 기억의 몸부림을
무한정 껴안아주어야 했었다

특별함을 다독여 평안해질 때까지
닳고 닳은 익숙함으로
등 쓸어내리며 읊조리는 소리
괜찮아 괜찮다
치유의 과정은 언제나 지루하다

부엉이셈

꼼꼼하게 따져 봐도
본전이 되지 못하여 묻어두는
부엉이셈

줄 건 셈하지 못하면서
못 받은 것의 또렷한 억울함이
눈물부터 비우고 시작하는 넋두리에
공짜 나이의 허세로
고명처럼 얹어보는 번지르르한 위로

부록처럼 딸려와 생색만 내던
떨이의 소원으로
책임질 일 없는 훈수만 두다가
정작 따뜻한 관심으로
오늘에게 보여주지 못한 만족한 웃음

버둥거리던 욕심의 마음에서
헤픈 반성을 제하고
비교의 눈금을 지우고 나니

남는 것은 사랑 빚
되돌려주지 못한 감사함만 우북수북

부질없는 셈만 하다가
인생에 노을 깃드는 것도 몰랐네

받은 것, 줄 것의 기억은 희미하지만
받을 것의 기억은 선명하다

황태로 거듭나다

오장육부 다 비워 낸 가벼운 몸
대관령 산길 오르니
이런 처절한 육보시가 기다릴 줄이야

칼바람의 고문과 얼렸다 녹이는 회유에
없는 죄까지 다 까발리니
견딘다는 게 죽음보다 위대하다고 한 건
겪어보지 못한 이들의 공염불

덕장에서 결박당해
서너 달 한빙지옥寒氷地獄을 넘나들던
살이 터지는 고행 끝에
해탈의 표식으로 허락된 황금빛이오

구원의 거창함도 아닌
그대 포만의 만족한 한 끼를 위해
치도곤의 매질을 견디고
궁극엔 끓는 물에 무아無我로 돌아가야 할 터

하찮음 속에서도
최선을 다하는 헌신에 만족하려오

업둥이

명치에 걸리는
못난 글 하나 써 놓고 보니
어쩌지 못한 느낌표
화살처럼 가슴에 박히는데
얻어온 관심 속에서
빈둥거리던 언어들만 난처하오

작은 느낌조차
반듯하게 키우려 애쓴 시간들이
마침표 앞에 머뭇머뭇
업둥이로 베돌던 억지 감성
희미하게 웃으며
낯을 익히오

회귀回歸

불확실의 두려움을 잊기 위했던
겨를 없던 노동의 막바지
약간의 초조함이
앙상하게 드러난 어깻죽지에
잠시 어둑발로 앉았다가
툭툭 망설임을 털어주고 갔다

존재를 증명하기 위하여
막연함을 거슬러
억척스럽게 헤엄쳐야하는
상처투성이 지느러미도
너덜거리는 자존을 회복하기 위해
잠시 어둠 속에서 군드러졌다

단 하나의 소원만 남기는 절실함은
차라리 엄숙해서
오체투지의 고행을 무릅쓰지만
어사무사한 안식의 언저리
거룩한 계보를 잇는

더 구체적인 목적을 위해서
마지막 몸부림은 아껴두어야 했다

어미의 젖내 어렴풋한 부름에
발칫잠 깨어
민물의 기억을 되새김하자니
어슬렁거리던 하현달
윤회의 버거움을 비워내고 있다

꿈의 남획

저인망으로 싹쓸이한 꿈
그만그만한 씨알 작은 희망조차
남획하여
꿈이 자라길 기다려주지 못한
현실의 조급함이
헛손질의 파도를 일궜다

서슴없이 내어주던 풍요
당연시하다가
대양을 헤엄쳐 보지도 못한 채
가두리에서 양식된 꿈으로
대신 충족하는 기대
바글거리는 경쟁의 몸부림만 남아
도전은 낯설다

대양을 향한 치어의 부지런한 몸놀림에
천천히 크는 희망
헤진 돛을 다시 수선한다

호미

아프지 말고 쑥쑥 크라 하던
보살핌의 굳은살
잘 살려면 열심히 해야 한다던
잔소리의 호미질

무성한 염려를 김매기하던
등 굽은 세월 동안
물음표 움켜쥐고 골라내던
부질없는 한숨

굳은살로 박이던 헌신이건만
까닭 없이 미안해하며
새끼에게 내어주던 수확의 보람
풍년거지 손에
호미 대신한 지팡이만 섧다

허수아비 풍선

기대를 부풀린 솟대의 기원
광대의 소명을 다한 몸부림으로
벗어던진
체면과 자존심
신명神明이 아닌
적나라한 현실의 몸짓으로
맨 마지막의 부끄러움을 벗는 의식

관심을 동냥하는 우스꽝스러움으로
제멋대로 꺾이는
고단한 현실의 통증을 참던
닳고 닳은 관절로
가장家長의 책무를 부추기기만 하면
분연히 일어나 추는 춤

몸살 앓는 헌신이
자꾸 주저앉으려는 용기를
끊임없이 부채질하는 희망으로
선언하는 개업開業
현란한 춤사위에 잠시 시름을 잊는다

질경이로 오롯하게

가뭄의 뙤약볕도
억누르지 못했던 갈망
척박을 딛고 초록으로 되살아나
무심코 마주친 길에서
질경질경
인연의 발뒤축에라도 밟히고 싶었다.

생채기 겁내지 않고
단단하게 뿌리박던 억척으로
삶의 푸대접에
짓밟힌 자존심을 일으켜 세우도록
질경질경
곱씹을 각오이고 싶었다.

무관심에 밟히던 어제
내일을 향해 무장 걷겠다는
억센 다짐
주저하지 않고 실천하려
질경질경
되새김하는 삶의 이유이고 싶었다.

새벽을 쓸다

잠에서 깨어난 것들이
헝클어진 머리를 다듬는 동안
결심을 바투 잡기 위해
희망의 언저리쯤이라 귀띔하는
새벽 종소리
어둠을 쓸고 있다

돌아눕곤 하던 빈궁한 잠꼬대가
습관처럼 일어나
밤새 우려낸 투지와 우련한 다짐으로
상처투성이의 맨발에
여분의 용기를 꿰어 신는다

어둠 속에 투기한
불평의 분질러진 마침표들이
못마땅하게 쓸려간
잘 정비된 눈가림의 새벽마다
평균의 하루
출발선에서 대기한다.

수수

부동의 경계로
마음 부스럭거리는 소리에도
바투 모여 세우던 창검
참수의 두려움에
건성건성 지나치는 갈바람에도
붉은 투구 고쳐 매고
바르르 떨었다

어린 꿈의 뼈대가 되었던
수수깡의 추억
수수시루떡의 소원 우물거리며
힘겹게 짊어지고 온 생
볼품없어 저절로 숙이는 고개

자꾸 잊혀져가는 설움으로
핏대 세우던 이 놈
중국집에서
거하게 고량주* 한턱냈다

* 고량주: 수수로 빚은 술.

고사리

곱송하던 몸 펴는 기지개
고사리 손으로 앙증맞은 솟대를 세웠다

밤새 뒤척임에
어느 누구도 관심 두지 않던 외로움 속
가진 것 전부가
달랑 한 줄기 막연한 기대뿐이지만
필연처럼 만난 인연 앞에
키 작은 소원으로 당당하게 내미는 악수
자잘한 기쁨으로
소쿠리에 수북 담기는 행복이고 싶다

꼭꼭 숨어 빌던 소망
네가 기쁘게 발견할 때까지는
조막손 움켜쥐고
누구의 눈길도 허락하지 않으련다.

우화羽化하다

순정의 시간을 떠돌다 놓쳐버린
한 줌의 의미
우화羽化의 시기를 점치다가
최면의 시간을 벗어냈다

통속적 사랑의 답습에
식상할 무렵에
굳건한 불문율을 깨트리며
원초적인 부름으로 왔다

불확실의 내일에게 쥐어주는
소망의 씨앗 한 톨로
마음에 닿길 바라는 울렁거림이
뜻밖으로 찾아왔다

소년의 순수가
여인의 농밀한 꽃잎을 향하여
생전 처음 날개를 펴고
비행금지 구역을 넘어 날았다

자영업자의 하루

간도, 쓸개도 빼놓고
자존심은 전당포에 맡기고
눈물조차 화장실에 숨겨뒀건만
굽실거리는 체면일랑
돈 한 푼의 값어치도 안쳐주는 현실에
강철 같던 의지는 녹슬고
속은 새카맣게 타
매일 재생시켜야하는 오장육부

피곤을 붙잡고
밤새 넋두리하는 울화통이
인생을 닦달해도
아침이면
넉넉하게 챙겨 나서는 헛웃음
퇴직금 없는 삶이 불안해
왕으로 오신 손님이 감격스럽다

습관처럼 되뇌는
사랑합니다, 고객님
반갑습니다, 고객님

중년 부부

무정란의 꿈 무작정 품기만 하는
푼수 같은 여자로,
수컷의 용기를 거세당해서
온순한 남자로,
내가 우선이길 고집했던
면목 없는 갈등과 부족한 이해를
눈감아주며 꾸려온 삶
이제야 편안한 위로가 되었다

네 탓의 서운함이
내 탓의 여유로 자리 잡기까지
지루했던 줄다리기로
들볶던 추궁의 쓰라린 시간이 필요했지만
빼곡한 잔소리의 가시 끝에 피던
장미꽃 같던 사랑에서
이젠 해바라기로 너그럽고
정겹게 굽어보니
넉넉한 고마움이다

정직하지 않은 눈물

속죄는 없고
잠시 세상을 살피며 흘깃거리는
여우비 같은 눈물

눈가림의 뉘우침으로 용서를 구하며
책임의 무게를 덜어내는
낯 뜨거운 눈물

눈물로 셈하는 손익
연기의 보상을 두둑하게 챙기니
뒤돌아 머금는 실소

한진 해운 최은영 회장의 눈물
속셈이 너무 뻔하다

마음에게 묻는 약속

마음 척박하다지만
눈치껏 뿌리내린 소망으로
가난한 기도조차 키우지 못할까나,
마음 너그럽지 못하다지만
용서가 허락한
어설픈 죄 하나쯤 숨겨주지 못할까나,
마음 적바르다지만
오랫동안 삶의 타박 이겨낸
어수룩한 기대조차 눈감아주지 못할까나,
마음 심란하다지만
사랑의 아픔만을 기억하여
간절한 그리움의 초대를 외면할까나,
마음 가년스럽다지만
너울가지 좋은 정다움으로
부끄러운 허물 하나쯤 덮어주지 못할까나,
마음 웅숭깊지 못하다지만
삶의 잔가시 발라주던
보살핌의 서운함 하나쯤 달래주지 못할까나,
마음의 물음에 호기롭던
검증하지도 못하고 내세운 약속
되물어 다짐 받으려니 얼버무리는 말꼬리.

두레박

겸손보다 더 낮은 곳으로 드리운
빈 마음에
기도가 찰랑찰랑 담기면
운명의 끈에 매달아 잡아당기던
눈물 바가지

빛이 닿지 않는 설움의 깊이에서
정화시키던 갈망이
목마른 희망을 적시고픈 염원으로
넘치도록 퍼 담던
소원의 메시지

한 모금으로도
가슴 깊이 느껴지던 짜릿한 안도
기억 속 우물가에서
구멍 나 줄줄 새던 두레박으로
선하고 순한 기도를 긷던
어머니를 만난다.

고로쇠나무

싸늘하고 호된 핍박에
숨겨 흘리던 눈물 품어주었더니
촉촉이 젖는 마른 가슴

따스한 젖이 돌기 시작하면
가슴팍 파고들어
아프게 깨물어 보채는 목마름

상처마다 눈물나던
골고루 나눠 먹이는 사랑은
젖이 마를 때까지 견뎌야 할 고통

희망을 수유해야 하는
뻔뻔한 동냥젖 구걸에 몸살 앓는
봄의 근거 있는 두려움

명예퇴직

비행의 목적을 잃은 순간부터
발톱은 무뎌지고
날개의 깃은 빠지기 시작했다
망설임의 선회만 하다가
빈손의 착지를 한 이후론
상승기류는 생의 계곡을 떠났다

프로메테우스의 형벌처럼
죽음조차 허락받지 못한 근면한 약속
부러진 부리로는
더 이상
빛의 화살을 당길 수 없어
절망마저 잃어버린 시간 속에서
퇴화한 능력으로
꿈에서만 가능한 비상

척박한 영토를
이젠 배로 기어가며 살지라도
거부하고픈 지루함
망연함으로 더듬어보는 내일 속에서
멀리 보는 눈은 필요치 않다

번민의 동굴에서 벗어나다

고독의 숙주가 되어
모사하던 아픔들이 번식하는
침묵의 동굴엔
축축한 슬픔을 물어 나르던
오류의 기억들이
거꾸로 매달려 대롱거렸다

잘못 해석된 욕구들이
환한 길을 지우고
어둠속으로 찾아들어와
눈물방울로 키우던 종유석을
이정표 삼아
허공에 눈먼 길을 걸어두었다

은둔의 시간 속에서
박쥐처럼
민감한 아픔을 날개 삼아
어림으로 향하는 깜깜한 목적
번민의 끝에
마침내 출구가 있었다

인생의 어디쯤이라고 하자

목적에 휘둘려
주변을 살필 여유가 생략된 쫓기던 걸음
푸른 발톱이 빠지도록
퉁퉁 부은 발로 신기루를 쫓던
사하라사막에서
모래바람으로 걸어보기로 하자

아프리카 누*처럼
악어가 득실거리는 운명의 강가에서
두려움에 익숙해지길 기다렸다가
불확실한 내일이
충분하게 보상하는 약속의 땅으로
본능에 의지해 건너기로 하자

성공의 화려한 유혹에 설득 당해
경쟁에 내몰리던
잘 훈련되어진 투지가 아니라
비교당하지 않는 당당한 가난함이 되어
몽골의 초원을
야생의 말발굽으로 달려보기로 하자

궁극의 평안을 찾아
간결한 소원을 꾸리어 떠나는 순례자에게
티눈으로 박이던 고행이
설산의 장엄으로 우뚝 서게 하는
티베트의 고원에서
가장 낮은 몸짓의 오체투지이게 하자

망설임을 끝내고
가야할 곳
지구의 어디쯤이라고 하자
인생의 어디쯤이라고 하자

* 누: 영양의 한 종. gnu

가장家長

성실한 땀방울로 살아온 인생이라며 노동의 신성함을 앞세워
피곤을 일상인 양 견디어온 가난을 변호하거나 위로하지 마오
비교되어진 초라함은 허물 벗고 싶은 껍질이지만
나를 견디게 하는 자긍심을 섣불리 위로하려 하지 마오

정수리에 고이는 하찮은 눈물로 목 놓아 운 설움 속에서도
누군가의 굳센 허리 기둥일 그대이기에
굽은 허리를 곧게 펴야할 이유는 충분하니
삶이 축배의 잔을 채워 권하는 굴종에 취하지 마시오

가벼운 기대에 못 미치는 빈약한 보상으로 응어리진 마음을 다독여
지친 얼굴에 웃음을 담아주는 아내에게, 걱정을 놓지 못하는 부모에게,
녹녹치 않은 인생을 답습할 자식에게
아직은 싱싱한 심장의 소리를 힘찬 북소리로 울려주시오

기쁨을 위해 남겨놓은 희열의 눈물이 있기에
절실함으로 땀 흘린 수고를 가볍게 위로하지 않을 테니
내일이 앞장서 걷거든 함께 걸어가시구려.

제2부

수채화로 그린 마음 풍경

포장마차

그의 표정을 살펴본 후에야
어둠이 찾아왔다
어떤 날은 황홀한 사랑에 취하여
뜨거운 심장을 삼키고
때로는 불공평의 분을 못 이겨
씩씩거리기도 했지만
다분히 과장된
감상적인 눈물과 어울리는 재미에
어둠속 불을 밝혔다

삶의 어느 모퉁이쯤 자리 잡고서
얼쯤하게 내미는 위로가
불편한 마음들을 진정시키는 동안
뜬금없는 농담을 안주 삼아
신변잡기의 소문이 먼저 술잔 비워내면
짬짜미의 편안함에
눈치껏 자리 꿰차고 앉은 넋두리가
넙죽넙죽 잔을 비운다

모래톱에서 정착을 꿈꾸다

개어귀 떠밀려온 물결이
제 힘으로 피난처 만드는 게
흥미롭던 철새가
희망 한 포기 물고와
모래톱에 심었다

모래알 같은 다짐으로
쌓이는 내일이
때를 준비하는 기착지에서
처음의 의미로 나붓이 눕히던
정착을 망설이던 눈빛
안식의 모래톱에서
단단해지는 결심이 되었다

도요등 모래섬은
바닷바람도, 파도도
철새도, 노을도
잠시 머물렀다 갈 뿐
주인 되는 걸 허락하지 않는
무소유의 터였다

아미산 벼룻길 내달린
시선 끝에서
모래톱 쌓고 허물길 다반사
불완전한 현재를
다시 설계하는 꾀꾀로
선착순의 꿈들을 들여다본다.

대나무 숲에서

바람의 웅성거림을 지탱하는 간짓대로
올곧은 중심이 되어
하늘에 좀 더 가까이 닿는 기도
마디로 이어 붙여 훌쩍 키운
버리지 못한 기대가 솟구치나이다.

욕심을 담아두지 않는 허허로움으로
비교의 무례를 견디는 청빈淸貧
곧고 굳건한 약속으로
부러지지 않는 의지를 깨우는 죽비
비움이 합당하나이다.

튼실한 뼈 몇 마디 내어주니
대금소리의 감동
움켜쥐지 못하는 의미들이
순하고 공손해지는 소리에 실려서
마음의 평안을 간구하나이다.

어질러진 듯해도 적당한 간격의 질서
반듯한 심성 우뚝하니
마음의 호흡을 가다듬으며
대나무 숲에서
욕심의 바람을 재우나이다.

낙동강 하구언

바다와 강을 오가던 것들이
을숙도 나루에서
서로의 삶을 들여다보다
사이좋게 뒤섞이며 바다로 떠났다가
만선의 꿈을 싣고
강으로 되돌아오려던 노력을
하구언은
어물쩍하게 모른척했다

확신의 경계를 배회하며
순간을 노리다
윤슬에 찔려 눈 먼 철새가
어림의 조준으로 허탕 치던 목적을
진구덥으로 남겨두고
노을 속 헛헛한 비행으로
아슴아슴
어둑발 넘어 사라졌다

안겨서 울지 못하는 강과
마음껏 껴안아 줄 수 없는 바다가
그곳에 남겨졌다.

을숙도의 사계

봄의 을숙도란
갑작스러운 입맞춤에
첫 경험을 갈대밭에 누였다가
튼튼한 자궁에서 태어난
생명들에게
낙동강을 젖으로 물리는
풋풋한 새댁이었다

여름의 을숙도란
머릿결에 무장무장 빛나는 초록이
지평과 맞닿은 수평에서
어둠의 닻을 내리면
여름밤의 꿈을 속삭이기 위해
별처럼 안기는
어부의 살가운 아내이었다

가을의 을숙도란
버석거리는 몸짓에 배인
쭉정이 같은 폐경의 쓸쓸함으로

허무의 통증에 시달려도
노을의 잔등에서 새붉던 감동을
시울 나붓이 채우며
외로움도 동무 삼을 줄 아는
낭만적인 여인이었다

겨울의 을숙도란
잦은 이별로 애착의 공허에 익숙해져
습관처럼 기억을 비우다가
한결같은 그리움으로 다시 처음인 양
사랑이 머물렀던 빈자리를
손자의 재롱 같은 철새의 부산함으로
상실을 메울 줄 아는
지혜로운 동반자이었다.

해운대 갈매기로 사는 법

물고기 잡기를 포기하고
눈치만 배운 갈매기
우아한 춤 삶으로 새우깡 입에 물고
깐죽거리는 서글픔
목메어 후련하게 울지도 못하고
적극적인 습관으로 목청껏 부르는
돌아와요 부산항에…

종일 멀미하는 오륙도
더 목이 타는 줄도 모르고
바닷물 벌컥 마셔대는 주전자섬
실망의 투신을 만류하던 태종대를 돌아
등대까지 눈요기하면
동백 몇 그루로 체면치레하는 동백섬까지의
뻔하고 익숙한 비행항로
받아먹는 먹이의 편안함 때문에 사양한
멀리 나는 꿈
오늘도 유람선의 꽁무니를 뒤쫓는다

혼자 터득한 요령껏
인생이란 바다
길들여진 갈매기로 맴돈다

밤바다

해동갑 넘겨서까지
억 겹의 그물로 소원을 낚던 파도가
어둠 속에 내려놓는
빈손의 깊은 반성을 어찌 닮으랴

허둥지둥 그리움 뒤쫓다
소망 다하여
꼬리별로 사라져가는
밤배의 허망함을 어찌 달래랴

어둠만큼이나 넓고 깊어서
측량할 수 없는
한결같은 사모의 마음이
잠꼬대로 불러주는 자장가

등대불빛 깜박거리는
눈꺼풀이 무겁다

석화구이

기대는 큼직한데
정작, 안에 담긴 희망은
한 점!
껍데기 수북하여
맛있었던 기억은 푸짐한데
은근한 공복

젓가락질 바쁘게
알갱이를 발라먹었는데도
포만은 어림없고
덩치 큰 껍데기의 그리움만 수북
이 허기는 뭐꼬?

상형문자로 쓰는 시

동요하던 순간들이
물결무늬로 새겨졌다

상형문자에 갇힌 의미를
옮겨 적으며
낙서의 자유분방함으로
마음껏 상상하기를 소원하면서
생소한 것을 찾아
수평의 눈금에서 떠돌던 기억들이
다대포 해안으로
피곤한 발 씻으러 올 때까지는
완성해야 하는 시

떠밀려온 은유가
갯벌에다 비밀의 내력을
손금처럼 새겼다
아스라한 샛강 어디쯤의
재잘거림도

군무 群舞

어지러운 혼돈 속에 숨어서
눈속임하던 나약함이
무리에 합류한 든든한 결속으로
두려움을 향해 날았다

생존을 위한 단합
일사불란한 몸짓들이 공생의 친밀로
노을에 출렁거리며
산 자의 투쟁을 연출했다

날갯짓의 비좁은 공간마저
믿음으로 공유하던
본능에 기인한 경이로운 몸짓들
생의 찬연함이었다.

황홀로도 붙잡아 둘 수 없어
끝맺음의 방점을 찍던 노을의 여운
현실적인 설렘이
김해공항을 막 이륙했다

을숙도 갈대

고분고분 온순해서
제 의지로는 몸조차 눕히지 못해
웃자란 기다림 흔들어보는
가벼운 안부
국적을 묻지 않는 포용으로
철새의 불안함조차 숨겨주었다

바람의 잔망스러운 참견쯤은
흘러들으며
가냘픈 어깨 보듬어 상기하던
기약 없는 약속
남겨지는 것에 대한
보살핌으로 출렁거렸다

헤살 짓는 눈빛과
떠나지 못하는 말만 남겨진
을숙도에서
깃발로 나부껴
붙박이 그리움을 품었다
굼닐거리는
서툰 감동이 무성하다

다대포의 일몰

오랜 긴장의 무게를 내려놓는
모래톱에서
찰랑거리던 설렘이
에멜무지로 파도 일구는 법을
학습하는 사이
스스로 감격에 겨운 사랑이
서녘에 홍등을 걸고
황홀함에 넋을 놓았다

관능에 베여
온몸 붉게 젖도록
아롱아롱 번져가는 감동에
몰입하다
충동이 사그라지면
마주하는 무채색의 허전함
다대포의 어둠은
나로부터 번져나갔다

갯벌

만조滿潮의 풍요
모든 것을 채울 것 같던 자신감으로
출렁거리던 청춘이 물러가면
드러나는 허전함
인생을 추스를 겨를도 없이 사느라
세월이 썰물로 밀려나가는 것도 몰랐다
감추려던 질척한 현실에 몰두한
노동의 갯벌엔
한입꺼리의 빈약한 보상
준비 안 된 노년의 주름진 갯벌에서
조개 줍는
등 굽은 허리에 통증이 앉는다.

하구언에서 노을을 빚다

잘 익은 홍시
꿀꺽 삼키고서야
잠드는 바다가 있다

벌건 불판 위에서
낙동강의 비애를 섭렵하던
전어 몇 마리 고소하게 익어가고
불콰한 낯빛에
검버섯처럼 철새 날아들면
설핏한 안도의 여운

잠들지 못하는 기억 저 편
육지의 농염한 불빛들이
섬처럼 떠오르면
갈대밭에서
일어서는 갈망들
어둠을 건넌다.

춘월春月

고봉으로 먹어도
배부르지 않는 눈칫밥 같던
춘삼월의 만월滿月

사랑에 굶주려
표시나지 않게 야금거리다가
눈썹달마저 꿀꺽 삼켰건만
면할 수 없는 허기에
흐드러지게 핀 이팝나무에 숨어들어
주린 배 채우니
다시 두둥실 배불러 올 초승달

만월滿月까진
들켜 쫓겨나지 않으려고
꼭꼭 숨긴 그리움

임진강

뚜렷한 신념으로
어느 쪽에도 집 한 채 짓지 못한
떠도는 아픔이
어두운 과거로부터 흘러들었다

밤이면 부동의 경계에서 대치하는
학습된 증오가
초병의 차가운 눈동자에 어리어
감히,
별빛조차 발 담그지 못했다

한결같은 통일의 소원을 노래해도
대꾸조차 할 수 없던
역사의 부끄러운 눈물만이 흘러
자유롭게
너, 나의 마음을 적셨다

철조망에 새벽이 걸리면
긴장을 풀고
그윽하게 눈에 담아보는
임진강의 평화로운 풍경이다

가로등 불빛에 서성이다

간절함이 비추는 제한적인 소원의 영역에
얼굴을 내밀고
생략되어지는 어둠의 소멸로부터 벗어나
빛나는 메시지로 읽혀야한다

바람 속에서 염탐했던 비밀스러운 상상들을
깨어있는 시간과 거래하며
경험하지 못한 것에 대한 두려움 없으랴만
탐스런 설렘과 함께 있어야한다

작고 보잘것없는 약속도 차별 두지 않고
희망으로 비추길 바라며
기다림보다 더 깊숙이 뿌리내린 부동의 안심으로
솟대를 지키던 간절함이어야한다

불안을 건너는 징검다리가 된 빛
어둠에 의탁하지 않고 존재를 보인다는 것
얼마나 도덕적이냐
발각되어도 무방한 바람쯤은 허락되어야한다

억새

시들어 가는 것이
제 잘못인 양
두 손 비벼 구하던 용서였구나

문득문득
허무와 그리움이 나풀거리던
바람의 능선에서
내게 가까이 다가오는
반가운 몸짓인 줄 알았건만
사실은
날 떠나가는 서글픈 손짓이었구나

내일 새벽은
더 춥고 쓸쓸하겠다

에덴공원에서 추방되다

산자락 옹기종기 모였던 술집에서
낭만의 노래에 취해
눈먼 사랑에 손 잡혔던 기억들이
뿔뿔이 흩어졌고
품 안에 얼굴 묻어주던 적당한 어둠은
환한 아파트 불빛에 쫓겨났다

길을 내어주지 않는 강물 때문에
갈대밭에 갇힌 설렘은
심한 우울증에 시달려야 했고
적당한 유치함 속에 숨바꼭질했던
젊은 날의 방황도 속절없이 떠나버렸다

사랑의 황홀함에 물들던 낙조가
아파트 유리창에 볼모로 갇히던 날
아담과 이브는
에덴공원에서 추방되었다
탐욕을 선동하는 무리에 의해

오래전 기억으로 날아든 철새
황급히 방향 바꿔
익숙한 현실 속으로 날아갔다

청춘별곡靑春別曲

시그널 음악에
청춘의 공간과 시간이 열리면
빼곡한 LP판 뒤적거리며
뒤통수에 꽂히는
선망의 시선 하나쯤
무표정 속에 감췄을 거다

너스레로 읽던 사연
미끄덩거리던 팝송의 발음
내려깔은 목소리로
엉뚱한 해설을 겸하고
그럴듯한 고독
유치한 낭만도 담았을 거다

고상한 폼으로 마시던
맹물커피
허세가 넘치던 담배 연기
잡담과 섞어 듣는 신청곡일 테지만
내 마음대로 선곡하던
어설픈 만족도 있었을 거다

청춘의 어느 날쯤
충무동 성궁다방 MUSIC BOX에서
"ㅇㅇㅇ씨 카운터에 전화 연결되어있습니다"를
되풀이하며

청사포

외로운 여인을
서럽게 울린 헝클어진 사연도
괴로운 남자가 쏟아내는
한숨뿐인 속앓이도
끄덕여 들어만 주는 청사포

넋두리 무겁게 이고 지고 온 이들
술 한 잔에
바다의 쫄깃한 살점
날것의 아픔을 대충 씹어 삼키면
술값만큼의 황망한 용기와
우수리로 받는 헛헛한 위로

한결같은 대답인 철썩거림이
지겨워 떠나도
곧 다시 찾아올 걸 알고 있는 청사포
떠벌리는 입만 있고
들어주는 귀가 없는 세상이기에

온천천 벚꽃

본능이 시키는 대로
생면부지의 사람들을 위해
몸을 열고 상끗이 반겼었다

거대한 동요動搖로
기약한 초록빛 날들과 결실의 미래가
건너편에 있음을 선동하니
절정에서의 화려한 투신이었다

망설임 없는 확신으로
일순간 쏟아진
황홀한 날들의 허무와 손잡고
봄을 건너고 있었다

온천천
물 위를 떠가는 꽃잎들
부질없던 첫사랑의 기억처럼
선연하다

유배지 流配地

그곳은 철새들의 유배지였다
몇 톨의 곡식을 탐내다가
몇 마리의 물고기를 탐내다가
좀도둑으로
단기간의 형기를 언도받고
북반구 어디쯤에선가 추방되어
날아든 겨울 철새
네 유배의 죄목이 합당하더냐?
보호를 구실 삼아
제멋대로 감시탑을 만들어
어떤 배반과 반항의 모의도
허락하지 않는 곳
을숙도!
형기를 시작하는 철새 한 무리 날아들어
울력으로 한겨울 자급자족해야 하는
노동의 땅

특별사면의 출소는
먹고살기 위해서가 아닌
욕심에 눈멀어 부정부패를 저지른
파렴치한 인간의 전유물이었다.

제3부
마음 곁에 두는 안부

화롯불

화톳불의 열정과
불잉걸의 사랑으로
뜨겁기만 하던 때도 있었지
괜스레 시려오는 중년의 마음 속
은근한 화롯불 뒤적거리면
알밤으로 묻어둔 그리움
맛있게 익어가던 군고구마의 추억
조촐한 생의 밥상에 올려질
된장찌개 보글거리는 따뜻한 정성은
그대의 체온이다

불시울로 다소곳이
사랑의 부름이 있기만 기다리며
뜬눈으로 지새우는 긴 밤
다시 불타오를 준비만 하다가
무탈한 너의 아침이면
기다림을 태우고 남은 재로
소망의 텃밭에 뿌려질 익숙한 약속
다시 덥혀야할 사랑으로
기도처럼 새로 담는 화롯불은
당신의 헌신이다

작설차

남의 허물만 탓하던
가벼움에
묵직한 참선의 고요가 스미니
다툼의 자리에
번져오는 따뜻한 위로
처음 배웠던 맛
엄마의 젖에서 느끼던 안도가
이랬으려니

자극적이지 않고 편안한 향에
나를 비우는 참선
이해하고 포용하는 용서로
어르고 달래서
순한 맛을 들이기까지
처음의 여린 소원들을 정성으로
덮었으리라

웅성거리던 불안
잠재우니

비로소 들리는 타이르는 소리에
되찾는 따스한 눈빛
잔잔하고 조용한 반성으로
마음 씻는다.

전화 청진기

진료실 문을 노크하듯
몇 번의 전화신호가 간 뒤
여보세요?
천릿길 건너온 엄마의 목소리로
재빨리 시작하는 청진

저에요
아프신 곳은?
식사는 하셨어요?
몸의 건강 확인하고
음성의 기색을 살펴 가늠하는
마음의 기분
자잘한 일상 얘기와 당부가 오가면
외로움 들키지 않으시려는 듯
전화비 핑계 삼아 그만 끊으라는 재촉에
전화 청진기 내려놓으니
군내 나는 염려만 답작답작

사람의 향기
　　(이해인 수녀님과의 대담을 마치고)

두 손을 모으면 기도가 되고
두 손 잡으면 위안의 격려가 되는
겸손의 터에서
민들레로 꽃 피는 해맑은 영혼

친근한 언어가 주는 평안함으로
따스한 기도가 닿는 곳마다
행복하게 반응하여 경계를 허물고
사랑으로 피어나는 존중

척박한 마음에 뿌리내리는
거룩한 의미로
거름이 되어주는 은혜로움은
감사를 실천하며 나누는 공평한 축복

사람의 향기가
이토록 오래 마음에 머무르니
이해인 수녀님에게서 선물로 받는
평범한 만족

허수아비 사랑

기꺼이 내어준 대지의 품에서
땀 흘려 가꾼 보람
당신의 수고로 영광스러움이 번성하고
튼실한 행복을 수확하기까지
믿음직한 소명에 충실하려 노력했습니다

씨알 자잘한 행복과
허투루 지나치지 않던 감사까지
알뜰히 챙기던 마음에
황혼의 허무가 밀려오면
비워짐의 쓸쓸함을 감당하렵니다

빈손인 세월의 초라함에도 불구하고
책임의 의무를 다한
굳은살 박인 쓸쓸한 시간 속에서
마지막 임무인 냥
허우룩한 날들을 묵묵히 지키렵니다

명예퇴직

안간힘으로 기어오르던
우듬지에서
잠시 머뭇거리던
무당벌레
몸부림의 날개로
내일이 아닌
어제를 향해 날았다

준비되지 않은
불안한 시간들이
다시 처음의 출발선으로
몰려들었다

요양원에서

혼자이고서야
증거처럼 떠오르는
더불어 부대끼던 날의 소중함
웃음 한 번 건넨 적 없던
낯선 인연조차
그리움의 대상되어 부여잡으니
눈물부터 핑 도는 반가움

단비처럼 다녀가는 위문공연이
어설퍼도 웃음은 헤퍼서
무료한 시간 덩실거리게 하니
선심 쓰듯 치는 박수에
굳은살로 박인
불효의 무관심이 덩실

미래의 내가 지금의 나를 배웅할 때
곧 오겠다는 빈말
그림자로 남겨두고 오자니
밍근하여
딸려 보내는 아쉬운 눈빛

엄마의 재봉틀

한숨 새어나오던 고단한 날들
울음보가 터질까 봐
다독다독 외발뛰기로 박음질하며
봉합하던 가난

수시로 구멍 나던 소원을 꿰매며
좋은 날을 향해
기약 없이 밟았던 재봉틀 페달
내일을 누비던 발걸음이었지

인물 훤하다는
엄마의 미안한 추켜세움 때문에
엄부럭도 못 부리던
불만투성이 단벌옷의 억지 신바람

효력 다한 보살핌
세월의 먼지 수북하게 쌓여
할 일 없이 동그마니
거동 못 하는 엄마를 빼다 박았다

그리움의 시중

백날을
지극한 마음으로 품어도
부화시키지 못한 무정란의 언어
무심코 삭제하다
붙박이의 기다림마저 지웠으니
이젠
어디서 너의 안부를 물으랴

성급한 의미와
숙성되지 않은 눈물로
세상의 빈정거림을 설득하던
부단한 노력 앞에서
어찌
네 사랑의 부족함을 물으랴

울퉁불퉁 심사로 주뼛거리다
넌지시 건 낸
굴뚝 같은 마음의 암시조차
눈치 못 차린다 해도

새삼
너의 어두운 말귀를 어찌 탓하랴

나로서 비롯되어진
갈등일진데…

구석 자리

내 마음의 방에

노모의 외로움이 들어오고
불효의 죄스러움도 함께 따라왔다

아내의 힘겨움이 들어오고
자책 같은 잔소리도 함께 따라왔다

아들의 내일에 불안이 들어오고
쭈뼛거리는 미안함도 함께 들어왔다

그렇게 들어와 복작이는 마음에
눈치껏 앉은 내 구석 자리

이제부턴
사팔뜨기 , 귀머거리 , 벙어리

뻥튀기

내 어머니 주전부리는
당신께서 만드시는 칭찬
하나 드린 기쁨
금방 수십 개로 튀긴
배부르지도 않은 자랑으로
하루 종일
틈틈이 꺼내 드시며
소일하신다네.

내 아내의 주전부리는
팔불출의 애정
사소한 기쁨을 사랑으로
뻥 튀긴 행복
삶이 헛헛할 때마다
한 움큼 쥐어주곤 하는 위로
나와 두 아들놈 살아갈 밑천으로
장만한다네.

난, 뭘 뻥 튀겨
푸짐하게 보답해 줄까?

신부에게 주는 편지

운명처럼 사랑을 꽃 피웠으니
행복을 결실로 수확하도록 기원합니다

서로의 능력에 알맞은 그릇을 선택해서
모자람에 허덕이지 않고
그득하게 채우는 감사이길 당부합니다

대견함 속에 묻어둔, 떠나보내는 서운함조차
착한 신부에게 짐 될까봐
헛헛한 웃음으로 대신하는 아비의 마음은
늘 미안해하던 사랑이었습니다

기특한 딸이었다가 아름다운 신부로
부모의 삶에 보람이고
자랑이 되어주어서 고맙습니다

먼저 세상을 살고 있는 사람으로
고난을 대비하는 지혜와 믿음을 저축하며
내일로 미루지 않는
사랑과 행복이길 부탁합니다

미개봉의 앞날을 축복합니다

어머니의 기도

신령해 보이면
무턱대고 천지신명께 빌어보던 소원

성황당에도
당산나무에도
장독대에도
두 손 비빈 만큼 쌓인 정성과 간절함으로
불안의 시간을 견디던 기도

복종을 다짐하던 섣부른 약속으로
신神을 설득할 수 있으리란
맹목의 확신
무모하지만 효험 있어
고단함을 견디던 어머니의 날들이었지

자식만을 위한 간곡한 부탁에
미안해하며 끼워 넣던
누구에게도 폐를 끼치지 않는
저승길이길 바라는
당신만을 위한 기도가 애달프다

청량사에서 차茶 한 잔

차분하고 단정한 다기茶器엔
흔들림 없는 고요
번뇌를 씻는
참선의 기도가 담긴
차 한 잔으로
우주의 섭리 터득할 순 없어도
가슴 데우는 온정만큼은 넉넉하니
쫓기기만 하던 일상
천천히 가는 시간 속에 두면
낮은 자리에서 도란거리는 다향茶香으로
선하고 유순해지는 마음이다

태만을 타이르는 죽비 소리가
출렁이다
실천하지 못한 깨달음이
좌선에 들면
처마 밑 풍경 소리
저 홀로 흔들림이건만
셈하지 않은 나눔

다 우려낼 수 없는 자비
찻잔에 담으니
모든 인연 평안하고 향기로워서
차 한 모금으로도
이미 업을 씻는 수행이다

58년 개띠에게 고告하다

등 떠밀리다보니
맨 앞줄에 기준이 되어
비슷비슷한 가난의 자갈밭을 일구며
호기롭던 맨주먹의 도전
민주화의 함성에 기꺼이 보태던 목소리
낭만의 수혜자가 되어
격변의 시대를 뜨거운 가슴으로 견디며
그렇게 눈에 띄는 깃발이 되었구나

삶에 급급하여 부모님께 불효했다고
자신을 꾸짖고
발버둥으로 뒷바라지한 새끼들에게
공연히 미안해하며
초라한 인생의 잔에 따르던
마지막 가치의 미련이
중년의 헛헛함을 적시며 오는데
함께 휘청거려도 좋을 위로의 어깨동무
인간적이어서 좋지 않은가

인생 성적표를 펴 볼 용기 없는
막연한 노후
두루 살피느라 쭉정이가 되었기에
애써 부풀리는 자긍심으로
애매한 세월의 눈치만 살피다가 맡은
초라한 배역
그럼에도 58년 개띠는 알아봐 주니
겸연쩍고
한편, 감격스럽구나.

갈망

그리움 곁에
더부살이하는 막연한 아픔이
조바심에 일깨워 묻는
부질없는 안부가
사랑을 안심시키기는커녕
불안에 쫓겨
위험한 상상에 매몰되었다가
너의 자극에만 반응하던
예민한 촉수로 더듬어 내딛던
느린 한 걸음

관능의 몰입에 혼절하던
무아의 시간 뒤에 남겨지던 허무
돌아서면 잊히나니
찰나를 위한 오랜 기다림에
화상의 고통을
대가로 치른다할지라도
삭정이의 관심을 쏘시개로 지피는
뜨거운 갈망
헛기침의 점잖은 체면이
부끄러움을 벗는다

불효 不孝

기다림만 남은
아주 느린 시간의 헐거운 몸짓
화석화되는 외로움이
무료함 엮어
수의를 장만했다

사랑의 환생을 위해
망각의 불길에 소각하려는
잡다한 미련
인연을 비우는 홀가분한 용서가
저승꽃으로 활짝 폈다

둥지 허물어지면
버둥거리다 바투 잡을 후회
제 인생만 돌보다가
불효를 씻을 눈물조차
장만하지 못했다

사랑의 결속

시작도 없었으니 끝도 모르오
보이지 않으니
선택할 수도 없소
엄숙한 선언이나 비장한 결심으로도
어찌할 수 없는
신앙과도 같은 절대적인 몰입

속수무책 번져와 무아로 깃드는
사랑의 예언처럼
오랜 방랑의 끝에서 그대를 본 후
방황에 마침표를 찍는 까닭은
내 기도의 응답이
바로 당신이기 때문이오

사랑의 치유로
억누른 자아와 고독의 무덤 속에서
부활하여 눈 뜨는 기적
우리의 매일은 처음의 축복이고
우리로 비롯된 모든 것은
예정되었던
사랑의 약속이외다.

별똥별

빛의 소멸
어둠을 향해 긋는 한 획
불완전한 마침표로
사랑했던 이유 하나를 지워도
보란 듯
반짝거리는

빼
곡
히
.
.
.
촘
촘
한

사랑해야 할 이유

키 높이 깔창

키 큰 놈의 싱거움이 부러워
반찬도 짜게 안 먹였는데
개량 못 한 유전자가 우물쭈물한 탓에
그만그만한 아들 둘의 키
5cm 높여주던 자부심의 키 높이 깔창
닳고 닳았기에
미안하여 새로 장만하라고
잠든 새
아들 가방에 찔러 넣어두는
5만원의 위로
내 신발의 깔창 높이는
3cm이다

안부

그대의 안부를 묻다가
엉겁결에 쓰인 시
막연하지만 향기로운 설렘으로
비밀스러운 약속을
바람 속에 숨겨두지만
들키고 싶은 마음이 당부하는
평안의 하루!
자극적이지 않은 담백한
그리움이,
과장하지 않은 소박한
기다림이,
욕심내지 않은 따스한
보고픔이,
그대에게 다녀오곤 합니다

힘겨움 불쑥 찾아와
그댈 괴롭히지 않는가 하는
안부를 핑계로…

이름값

쩨쩨하지만
눈 질끈 감을 수 있는,
난처함을
두루뭉수리 넘길 수 있는,
속상함을
꿀꺽 삼킬 수 있는,
억울한 눈물도
표시내지 않고 참을 수 있는,
비참한 굴복으로
아첨의 비겁을 견딜 수 있는,
궁색한 변명의 부끄러움을
참아낼 수 있는,

이렇게 못났어도
보이지 않는 곳에서 치르고 있는
버거운 이름값
가족 앞에선 위풍당당한
아버지란 이름값

제4부

시인의 바랑에 업둥이

습작

바짓부리만 걷으면 쉽게 건널 수 있는
시냇물 같은 얕은 감동인데
되새김의 여운인 양
혼자 깊은 만족의 웃음 짓는 꼴을 보라지

팔랑거리는 소문에
뉘 볼세라 마음에서만 돌보던 연민
서툰 어눌함에도
품위를 잃지 않으려 애쓰던 기억도 있었지

태생의 비밀을 함구에 부치고
산통 없이 태어난 시
누굴 닮았다는 풍문 귓등으로 흘리며
새김질하는 만족

수없이 질겅거리던 느낌
소똥처럼 수북하니
거름이 되어도 기꺼울 시詩

시화전詩畵展

지명수배 전단지처럼
눈에 띄는 곳에 전시된 시화 한 편

알음장*의 자랑이었다가
흥미 잃으니
바람에 지싯지싯 시달리며
축내는 눈칫밥
어울림의 환대에 우쭐거리다가
이제야 보이는
허우대 멀쩡한 속 빈 의미들이
부끄럼을 탄다

보잘 것 없는 감흥만이
퇴적되는 시간 속에 빈손이다

* 알음장 : 눈치로 은근히 알려 줌

빈처貧妻

수더분하여 청안시하던 느낌을
빈처貧妻로 삼았다

늘 주체하지 못하는 끼로
상형문자와 황홀에 뒹굴어도
개의치 않고
어쭙잖은 감동도
어설피 껴안아 주었다

천덕구니로
아궁이 앞에서 숨겨 말리던
눈물 배인 詩의
가칫가칫한 옷고름 풀지 못하니
합방의 기억이 아득하다

어려운 詩

끼리끼리 나누던 고상한 감동
생뚱맞은 신조어만큼이나
자의적이어서
미로 속에 갇힌 복잡한 의미는
초라한 전리품
품위 있는 언어들을 점유하고
요구하던
허튼 고민의 시간 속
무턱대고 내준 어려운 숙제엔
제 잘난 체만 은혜롭고 충만하다

화려한 연대에 번쩍이는 자부심
짬짜미의 결속
품앗이의 객쩍은 관심만이
여봐란 듯…
정 붙이러왔다가
어렵고 불친절한 詩의 도도함에
서둘러 멀어지는 발걸음
독자는 없고 저자들만 북적거린다.

폐업

얄팍한 매출로
허리 펴지 못하는 공손함이
몰래 쉬던 한숨엔
짭조름한 눈물이 배어 있다

무작정 의욕만을 밑천 삼았던
대박의 확신이
무료한 대기의 시간 속에서
하릴없이 긁던 복권

도망치듯 폐업하고 떠나간
옆 치킨 가게엔
박 사장의 선한 웃음만이 남아
지키는 임대 문의 쪽지

누군가는 또 퇴직금 싸들고
조심스레
늪으로 들어서겠지
생존하기 위해서…

늙은 늑대의 변辯

달빛 거느린 우렁찬 울부짖음으로 설원을 누비던 용맹이
쫓기는 운명으로 전락하기 전에는
생의 광활한 영토는 불모지가 아니었건만
꿈이 바닥나 희망의 개체가 사라진 이후가 문제였다.

조준의 사정거리에 둔 미끼에 현혹되어진 배고픔이
총성 한 발에 심각한 부상을 입은 것은
두려움의 경계를 넘어 손쉬운 먹잇감을 탐한 형벌이기에
은둔의 숲에서 자책의 혓바닥으로 상처를 핥는다.

조심스러운 세상살이에 길들여지기 전
용맹한 전사로서
살아있는, 살 오른 희망의 몸뚱이에
기운차게 송곳니 박던 때가 언제였던가.

남김 없이 공포를 쏟아 붓는 설원에서 미처 지우지 못한 혈흔
추적을 포기하지 않는 냉정한 현실에 포위되어
언제 사냥되어질지 모르는 불안에 점점 겁 많은 늑대가 되어서
살벌한 경쟁에 쫓기느라 눈 뜨고 잔다.

반란

내가 부리던 언어言語들이 반란을 일으켜
일부는 깊은 골짜기로 숨어들었고
일부는 신분상승의 자리다툼에 합류했으니
나의 수치심아
겸손의 위선으로 고고하게 은둔하기보다는
차라리 흙먼지 일으키며 와라
멀리서부터 배반의 이유를 데려오기보다는
지금의 서슬 퍼런 비평을 설득해라

존재의 자유로움을 위한 답치기*였다면
결심을 견인했던
획일적 사고와 보편타당으로부터
해방을 요구해라
귀족적 언어가 아닌 천민의 언어로
학습에 지배를 거부하고
적극적으로 다투어도 좋으니

* 답치기 : 되는대로 함부로 덤비는 일

별이 빛나는 밤에

요샌 팔리지도 않는 별을 밤하늘에 내걸어보지만
어슬녘이면 벌써 천연색 네온이 불 밝혀
감기지 않은 눈꺼풀 위에만 어둠이 내린다네
산꼭대기까지 찾아와서도
하늘의 별을 올려다보기는커녕
도시의 야경을 내려다보며 감탄하니 마뜩찮고
윤동주 시인에게도 영 면목이 없다네
별빛 내어주고 대신 끝까지 들어주던 깨끗한 사연들은
거의 대부분 술집 소음에 너절해졌다네
방황의 어지러운 눈빛과 교활한 눈빛이 점멸하는 거리에서
윤항기의 노래도 자취를 감췄는데
나이보다 성숙해 교태부리는 자극적인 노래들이
따돌림 시키지 않았을까 짐작할 뿐이라네
노출이 심한 거리에서 희희낙락거리기보다는
조금 궁상스럽더라도 가끔 헐거운 별자리 고쳐 달며
새벽별 떠나기까지 기다리는 중이라네
시 한 줄 떠올라 별 지킨 수고를 보상해 줄까 싶어서…
물론 희망 사항이라네
방금 별똥별이 애인처럼 곁에서 반짝이다 사라지니
형식적인 아쉬움을 위해
최백호와 도라지 위스키 한잔하려하니 이만 줄이려네

변비를 고민하다

뽕잎 갉아먹은 누에
명주실 매끈하게 뽑아내는데
마구잡이로 삼켰던 시어詩語들
소화불량으로
글 한 줄 배출하지 못해 쩔쩔매며
컴퓨터 자판에 오랜 시간 걸터앉아서
느낌을 쥐어짜고 용을 써도
변비의 압박감만 더할 뿐
자유로운 느낌을
쾌변의 홀가분함으로 느껴본지 아득하다

걸터앉은 시간의 배앓이
굳게 도사린 번민을 비우지 못하니
일방적인 간절함에
더부룩함을 덜지 못하는 시 한 줄
변비에 시달렸다
철퍼덕!
어디선가 소똥 푸짐하게 떨어지는 소리에
사그락!
책장 넘기는 소리에
배변의 신호가 오는가?

구제역

난데없는 봉변이다
이유도 모르고
새똥 한 번 밟은 죄로 당한 몰살
변론의 기회도 없이
무조건 사형에 처하여 집단 매장

선한 눈망울에 그렁그렁한 체념으로
공손하게 응하는 판결
뭔지도 모르고 시킨 대로 한 죄
내가 짓지도 않은 죄
부역자 처형보다 더 매정하니
전쟁 통이 아니고 뭣이더냐

구제역보다 심한
탐욕의 증상에 걸리고도
멀쩡한 인간들은
신께 수시로 아부한 덕에
끄떡없다

말씀 속에 가시

불편한 눈치가 확연한 합석
모래알 같은 언어들이
서걱서걱
애매한 갈등의 힘겨루기에
중립의 눈치 보기로
발라내는 말씀 속에 가시

암묵적인 경계마다 대치한
공치사의 불신으로
존조리 나열하는 변명
점잖은 냉소에
베일 것 같은 싸늘한 비판
반박의 구실을 찾는 예리함으로
안중에도 없는 타협

대변한다며
허락 없이 편 갈라놓은 민심民心만
어리둥절하니
논리로 그럴듯하게 포장한
네 탓이오!

복고예찬 復古禮讚

땅거미 내려올 때까지
강아지로 뒹굴고 소꿉놀이하며
섞사귀던 동무들
다시 땅바닥의 건강함을 묻히고 싶다

밤새워 쓴 편지
두근거림까지 함께 봉하고
우체통 앞에서
머뭇대는 달콤한 망설임과 만나고 싶다

처음의 몽정 후
몇 날 며칠 부끄러워했던
순진하고 무지한 성(性)에 대한 당황을
뻔뻔한 세태에게 맛보이고 싶다

레코드 가게 앞에서
제목도 모르는 노래에 붙잡히고
음악다방의 맹물커피 홀짝거리던 낭만으로
희소성의 가치를 음미하고 싶다

한 달에 한 번쯤 아버지처럼
누런 월급 봉투의 무게에서 느끼던
보람의 묵직함에
꾀죄죄한 자존심을 보상받고 싶다

풍요 속에서 허우적거리는 빈곤보다는
빈곤 속에서 찾아내던 행복
흰쌀밥에 모락거리는 배부른 하품이면
내 것이 되던 만족이고 싶어
흑백의 기억을 들춰본다.

뼈다귀

한때는 먹음직했을 살점들
맛도 모르고 허겁지겁 뜯어먹고 나니
가난한 날들이 기다렸다

뼈다귀만 남은 시詩를 가져다놓고
어쩌지도 못하다가
눈치껏 가마솥에 집어넣었다

맹탕의 고깃국에 밥 말아먹은 시인들
씹을 것도 없건만
이쑤시개 후비며 체면치레했다

뼈다귀 물고 슬며시 꽁무니를 빼다가
마주친 그들 앞에서
엉겁결, 꼬리를 흔들었다

전前

전)ㅇㅇㅇㅇㅇ대표이사
전)ㅇㅇㅇㅇ회장
전)ㅇㅇㅇㅇㅇㅇ
박수 치며 환대받았던 날들이
썰물처럼 빠져나갔다
악수에 힘이 넘치던 왕년의 허세도
시선 위에서 군림하던 자부심도 떠났다

화려한 시절을 잊지 않으려
늙수그레한 이력 앞에 전前을 붙인 채
절름거리는 과거만 들락거리고
한창일 적엔 뒷전에 물러나있었던 책임만이
뒤늦은 반성으로 가끔 찾아왔다

공란空欄으로 남겨질 허전한 내일 때문에
믿음직한 전前을 몇 개 챙겨
후진하는 기억
반기는 이 없는 광장에서
전前을 붙이지 않아도 되는 시인과 만난다

막걸리 아리랑
　(소천재 사랑방 음악회 축시)

아픔 주고 얻은 막걸리 한 잔(얼씨구)
기쁨 주고 받은 막걸리 한 잔(얼씨구)
흉도 칭찬도 친구처럼 사귀는 것 아니더냐
서로가 달라도 마음 열리면
모두 고마운 인연 어화둥둥, 한세상 아니더냐.

살아온 날들이 대견해서 한 잔(얼씨구)
살아갈 날들이 기대돼서 한 잔(얼씨구)
위로처럼 축복처럼 넘치도록 채우시게
체면쯤은 잠시 벗어두고
소천의 소리마당에서 어깨 춤 덩실덩실
흉허물 없이 놀아보세

넋두리도 한 사발(얼씨구) 막걸리도 한 사발(얼씨구)
숨넘어갈 듯한 고달픔도
답 없는 인생의 숙제도 별것 아니니
잘나고 못남을 따져 뭣하랴
정에 취할 만큼 따르고 추임새도 한 사발(얼씨구)

나잇값 하느라 눈치 보다가 유통기한 넘겨버린 낭만도
마음 한구석에 처박아두어 먼지 쌓인 낭만도
모두모두 불러내서
막걸리 아리랑에 취해보세
우리에게 취해보세 (얼씨구, 얼씨구, 얼씨구)

다른 계절을 살다

가진 것이 열정뿐인 아들은
여름을 뜨겁게 내달리고

갱년기로 단풍 들어
가을을 살아가는 아내

어머니는 야윈 몸 웅크려
쓸쓸한 겨울을 견디는데

책임과 의무로 밭갈이하는
매일이 봄인 나

아직도 뿌려야 할 희망의 씨는
몽근짐으로
어깨가 뻐근하다

부록 - 문순애

누이동생의 꿈을 업어오다

같은 눈물을 나눠마셨기에 아픔도,
오지랖의 눈치로 나를 돌볼 경황없는 것도,
통기타와 노래를 통해 고단한 삶을 위로하는 것도 닮아있다
늘 주변을 위해 자신을 불 밝혀두려는 노력 또한 그렇다
그래서 나를 돌아보듯 누이동생의 글을 들여다보다가
마침 내 시집이 업둥이로 기획되었기에 낯설지 않은 느낌을
업둥이로 데려왔다

草花 문순애
2008년 ≪문학 21≫ 詩 신인상
부산 청옥문학협회 회원
정시문학 시 카페 운영자
시화문학 초대작가
청옥문학 전북 지부장

빈집

문순애

가끔 바람이 힐끔거릴 뿐
무료한 시간 뒹구는
앞마당엔
침묵이 잡초로 자라고
텃밭엔
무관심만 무성하니
삐뚜름히 기울어 버티는 기대가
아득합니다

바람의 기척에도 반가워
사립문 열지만
행여나 하는 기대만 삐걱거려
다시 도지는 관절염
허물어지는 마음 견디자니
하릴없는 기다림만 무성합니다

빈집에선
가난의 인기척도 그리움이랍니다

시래기

문순애

얼었다 녹았다 반복하면서
꼿꼿이 말라
바스락거리는 존재라지만
쉽게 포기하지 않은
청춘의 푸름 내 안에 있기에
다시금
열정에 담겨 끓어오르면
더 깊은 인생의 맛 우려내려네.

온갖 풍파 견디며
더 깊어진 인내와 너그러움으로
누군가의 인생에
한 끼 행복한 위로가 될 수 있다면
속살 물러지는 야들한
나의 헌신으로
쓰레기가 아닌, 시래기 같은
그런 삶을 살겠네.

아침 햇살

문순애

간밤에
누군가 내 꿈에 나타나
이렇듯 마음 아스라한데
게으른 뒤척임에
꿈 속 애틋한 부름은 간곳없고
부지런 떨던 햇살
창틈으로 들어와 함초롬히 곁에…

아버지가 날 부르듯이
어머니가 날 깨우듯이
부드러운 손길로
쓰다듬고 또 쓰다듬으시면
칭얼거림이 가득한 눈 비비며
하늘나라 계신
아버지 한 번 쳐다보고…

고향에 계신
엄마 얼굴 한 번 바라보며
어리광부리다
세월 건너뛴 얼굴로 일어난다

냉이 꽃

문순애

남해 건너온 봄바람
뭍으로 올라
햇살 가득한 비탈진 언덕에서
아낙에게 수작 부리며
억척스럽게 내린 뿌리에
감칠맛이 돌고
풋풋하고 펑퍼짐한 잎사귀에
쌉싸래한 향이 스며
엄마의 손맛을 떠올리게 하겠지

냉이된장국 끓여
고향의 흙냄새 맞아볼까 싶어
시골 장터 찾으니
투박한 할머니 손에 수북 담겨
채근하는 잃어버린 입맛
봄의 기별을 눈여겨보지 않았더니
냉이 파는 할머니의 머리엔
진즉부터
하얀 냉이 꽃 소복하게 피었다

담장에 넝쿨장미

문순애

그대 담장에 기대어
붉은 빛으로
넝쿨장미 되었지
척박한 땅
한참을 서성이다
조심스러운 뿌리내려
바람조차 통하지 않는 담벼락에서
모자란 햇살
정성스레 감싸 안았지

모진 생각 들 때마다
발버둥의 시련 극복할 수 있다던
투쟁의 뿌리로
땅속 깊숙이 움켜진 열망
날카로운
가시의 운명도 더불어 수용하니
따뜻한 훈풍 불어오는 날
넝쿨장미는
향기롭고 우아한 미소로
담장에 매달려
바람 그네를 타겠지.

수제비

문순애

끓어 보글거리는 열기에
부산스러운 뒤척임

양푼 안에서
따깜질*의 수많은 기대가
흩어졌다가 뭉쳤다가
모나졌다가 뭉그러졌다가
휘젓는 손놀림에
허기의 식욕도 함께 끓는다

후후 불어 넘기는 성급함에도
찰진 위안으로
금방 불룩해졌다가
이내 꺼지는 만족이면 어떠랴
값어치가 아닌 가치로
행복을 배불릴 수 있기에
수제비로 고난의 과정을 견딘다

봉우리를 오르니

문순애

내 짐 내려놓고
굽이진 길 내려다보니
우련한 아픔
힘들게 이끌고 와
산허리 두른 구름에 숨기는
회한의 눈물

머리 쓰다듬는 바람
콧등 스치는 바람
어깨 토닥이는 바람
은근슬쩍 벗하고 앉아
이곳이 무릉도원이라 소곤거리니
근심걱정 저만치

바위틈 소나무
천년세월 견디어
스승인 듯 내려다보니
부끄러운 세월도
굽이굽이 반평생이 되었구나

소녀의 꿈

문순애

지나온 날들을 돌이켜보니
아득하기만 하고
빛바랜 사진첩을 펼쳐놓으면
곁에 맴도는 그리움이 낯익다

가난해서 엄두 내지 못 해
마음속으로만 만지작거리던 꿈이
사진 속 촌스러운 소꿉동무들의 모습에서
반짝반짝 빛나고
어색하기만 한 포즈로
들국화처럼 웃던 보고픈 얼굴들이
건너뛴 세월 동안의 궁금함을
사진 속에서 재잘거린다

어디에서 어떤 모습으로 살고 있는지
보고 싶은 마음에
소녀의 꿈을 어제처럼 기억하는
중년 여인은
틈틈이 추억을 쓸고 닦는다

꽃고무신 배

문순애

유년의 꿈 건너던 냇가 징검다리
깡충깡충 뛰놀다가
헐렁한 꽃고무신 벗겨져 떠내려가니
다급한 마음이 물살로 뒤쫓아
눈으로만 붙잡으려다
윤슬 속에 안타깝게 사라지면
눈물 훔치던 소매엔
어머니의 야단이 흥건히 젖었었지

앙감질의 외발뛰기로
여름날 유년의 기억을 따라가면
잃어버린 꽃고무신 배
세월의 강 어디쯤에선가
당황스럽던 눈물로 떠돌고 있어
이제야 깨닫는
어머니 야단에 담긴 사랑의 염려
한 짝 꽃고무신 배가
어머니의 가슴으로 흘러 닿는다.

제5부

꽃의 대화를 엿듣다

영산홍

싸구려 조화처럼
인위적이고 독창적이지 못한
열등의 색감들
늙수그레한 여인의 입술에 발려
도드라지던
거짓부렁 같은 찰나의 원색
감동 무뎌진
첫사랑의 환영幻影이다

비현실적인 색감들이
도발하듯 선명함을 드러내
유행처럼
무관심 속에 쓸데없이 화려하다가
결국에는 머쓱한 마무리
과장되었던 몸짓은 늘 어쭙잖다

청춘의 기억처럼
적바림에 두는 황홀한 도취
헤픈 웃음이 버겁다

꽃잎 지다

제 스스로 뜨겁기만 하던 마음을
앞세워
오랜 망설임의 마침표 찍고
사랑했던 기억 하나만 의지하여
무작정 찾아가면
살가운 미소 볼 수 있으려나

농담처럼 가볍던 약속만 애면글면
좋은 날들의 기억으로
사랑에 충실했던 처음의 눈빛
배꽃처럼 피어
수줍은 밤 하얗게 밝힐 수 있으려나

부끄럽게 훔쳐보기만 하던
수음手淫의 시간
민망하여 둘러대는 변명으로도
어쩔 수 없는 몽정의 흔적
애먼 봄바람만 탓하자니 얄궂다

홀씨로 떠나다

꿈 하나 뉠 수 없는 자투리 땅
햇살에게 양보하고
손바닥만큼의 소유도 비워
목마른 생각 지우며
억척스럽던 생존의 책임을 벗은
홀가분한 이별로
바람을 따라 나섰다

생소한 말과 생각들이
무시로 드나드는
가난한 시인의 거처에서
꽃등마다 불 켜두던 편안한 감동으로
웅숭깊은 기도였다가
미개봉의 설레는 약속으로
미지를 향해 날았다

민들레 무던한 눈웃음조차
떠나보내던 날에
새털처럼 가벼운 존재로도
살아감의 신성함을
널리 전파할 수 있음을 깨달았다

무궁화 꽃이 피었습니까

애국을 앞세워도 늘 뒷전으로 밀려난
우울한 독립 유공자
친일의 텃세에 주눅 들어
도린곁에서 죽어라고 꽃 피워도
눈길 한 번 안주니
피우지 못하는 봉초만 말아 던지던 무료함
거리에 도열하여
만세삼창 하던 무궁한 함성 사라지고
대신하여
벚꽃나무가 무리를 이루었으니
무궁화 삼천리가 아닌 벚꽃 삼천리 아니오?
학교 화단에서조차 등 떠밀려났으니
대한민국 어디에
무궁화 꽃이 피었습니까?

무화과

꽃도 피우고
향기로 교태도 부려야
정분나는 건데
봄바람의 안달에도
주뼛주뼛거려 어쩔거나 했건만
그래도 신통하게끔
남몰래 연애질이라도 하는지
불룩불룩
배불러오는 건 뭐꼬?

할미꽃

힘겨운 걸음 멈추고 내려놓은
등 굽은 세월
외로움이 가장 춥다며
양지바른 무덤가에 쪼그려 앉아
졸음에 겹던 외할머니
그리움의 투정 달래려는 듯
자주색 융단 보드라운 미소 머금고
자애롭게
다소곳 피었다가
흰머리 단정하게 빗으셨네.

한순간의 인생 아껴 쓰라며
등 토닥이다
먼저 잠이 드셨네.

박꽃과 어머니

달빛으로 쓰다듬으니
가뭇없는 기다림에 응답하듯
곱게 핀 순백
순면의 보드라운 촉감으로
안기는 그리움이다

야밤에 찾아와
저 홀로 만족해하며
항아의 입술이 닿는 곳마다
달덩이 같은 소원
소박하지만 풍만하다

간절한 마음이
휘청휘청 외줄의 운명에 의지해
가난의 칭얼거림을 재우던
어머니 머리 위로
박꽃, 하얗게 피었다

겨우살이

북적이던 관심이 네게서 떠나
겨울이 오길 기다렸다

파릇한 기대로 싱글거리던
봄에도,
아름답고 화려함이 꽃 피던
여름에도,
결실의 행복으로 만족하던
가을에도,
말 한마디 건네 보지도 못하다가
지독한 고독에 시달리는
겨울에 와서야
외로움에 기생하여 서툴게 엮었던
초라한 꽃다발을
조심스레 앙상한 두 팔에 안겨주었다
가장 서러운 시간에만 허락되는
짧은 동거

그대의 생에
잠시 위로로 머물 수 있다면
영원을 고집하지 않아도 좋으리라

개망초

땡볕의 뜨거운 재촉에
코뚜레 꿴 근면함을 품 팔아도
늘 변두리 자리
얕잡아 깔보는 시선쯤은 익숙하여
홀대에도 당연한 듯
온순한 미소를 잃지 않는 친밀
무던하여
언제나 주변에 지천이면서도
있는 듯 없는 듯
항상 흘려듣던 마누라의 잔소리처럼
헤프게 피었다
만만한 계란 프라이인 양…

국화차 한 잔

고요를 선동하는 바람에게
가만가만 털어놓는 조심스러운 반성
특별한 환대는 부담스러워
혼자인 듯 고뇌하다가
손 잡힌 우연

주어진 인생 불평 없는 무던함으로
향기 한 움큼 쥐어주는
반가운 손님으로 다녀가며
기웃거리지 않은 만족을 누렸으니
요란한 이별이 아니길

아쉬움을 과장하여
미련 오래 붙잡아두지 않고
잠재웠다가
뜨거운 입김 닿으면
언제든 깨어나는 향기 한 모금

마른 꽃다발

향기 사라지고
버석거리는 아쉬움만
시렁에 우두커니

추억을 떠돌며 길품 팔던
마른 꽃다발에서
객쩍은 낭만마저 떠나면
시든 의미와 감동은
사탕 한 개와도 바꿀 수 없는
유효기간 넘긴 축복으로
덩그러니

행복했었던 기억 아득해도
품위만큼은
오래 지켜 후회 없었기에
무덤덤한 세월에게
서운함을 토 달지 않고
다시 꽃 피워 웃는 날을 위해
아껴두는 사랑
빈손으로 떠났다가
다시금 축복으로 돌아오려네.

루드베키아

언제부턴가
태양을 흠모한 이력 때문에
동원되어
원색의 태양 문양 내걸고
길가에 도열한
혼혈의 이국적인 자태
아즈텍 신전에 바쳐지던 품위로
뜨거움 참아내며
여름을 축복하였다

모두가
무더위에 진저리치는 동안에도
아랑곳없는
무한한 태양의 숭배

나비, 꽃을 깨우다

귓밥 잘근 깨물던 가쁜 호흡에
허물어지며
너의 방문을 반기는 뜨거운 대답

부끄럼의 허물 벗은 도발로
깊은 황홀의 터널로 미끄러져와
관능을 깨우던 짜릿한 촉수

사랑의 다툼으로 엉키던
뜨거운 속살로 더듬어 하나 되는
적극적인 찰나의 몰입

포개어 서로의 일부가 되니
의심을 지우며
정직한 몸짓으로 꿈꾸는 천국

둘로 하나의 바람을 이루다

산국山菊

그리움 잉태하니
입덧 심해
숲정이에 숨어 향기 토하며
비거스렁이에
따사로운 정 한 겹 더 껴입고
기다리는 임

무작정 기다리는 것도 시뜻하여
가을바람 지싯거리는 꼴
눈감아주다가
품어버린 안다미의 외로움도
내색 없이 견디어준 것이 고마워서 권한
국화주 한 잔에 취해
산변마다
널브러진 노오란 산국山菊

정작
진지한 사랑 한 번 경험하지도 못한
밍근한 인생
가을의 끝자락에 섰네

무궁화 꽃이 피었습니다

무궁화 꽃이 피었습니다
무궁화 꽃이 피었습니다

잠시 눈 감고 급하게 외칠 때마다
코흘리개 동무들
내 곁에 좀 더 가까이

엉거주춤
술래의 손 털고 달아날까봐
무궁화 꽃은 다 피지도 못하고
입안에서 웅얼웅얼

흙투성이 맨발인 채로
잠을 깬다

목련이 지고 나면

담담하게
초야初夜의 환상을 벗어내니
흔한 축복
짧았던 절정의 허무로
머물렀던 흔적의 거북함이
볼썽사납다

경외의 시선으로
성스럽게 떠받들던 순결
사랑의 의식을 치루고 나니
볼품없이 나뒹구는
오랜 흠모와
짧은 감격의 뒷정리이다

칭송과 찬사가 색 바래
덤덤해지면
실감나게 설명하는 연둣빛 내일
지금부터가 살아감이니
오래 사랑하는 법을
새롭게 배운다.

산사山寺의 백일홍나무 꽃

손끝마다 피멍울 맺히는
백일기도
처절하도록 간구하는 염원이
무엇인지 몰라도
꽃구름의 화사한 품위는
흐트러짐이 없다

눈부시도록
섬세하고 직설적인 표현으로
뙤약볕의 목마름에도
물 한 모금에 허겁지겁하지 않는
기품의 고상함
노승의 고행을 수발하니
어떤, 무엇에 비견하랴

절 마당에 연등처럼 피어
여름의 뜨거운 오후
독경 소리가
꽃그늘에서 늘어진다.

꽃비

봄의 진지를 점령하라는
특공의 임무에 충실했던 꽃잎들
낙하산 펼쳐
소소리바람에도 아랑곳없이
발목 겹질리지 않고
사뿐사뿐 착지한다

해방된 영토마다 꽃가루 세례의 환영
순간의 흥분 사그라지면
생업에 충실한 농부의 파종
위초리와 우듬지까지
정착의 연둣빛 터를 고른다

민들레

좁은 틈도 비집고 자리 잡는 능청
척박함을 개의치 않는 긍정
눈치 보지 않는 화사한 눈웃음
집착으로
머뭇거리지 않는 산뜻한 이별
투정 없이
지금을 사랑하는 단순한 만족

그대 마음에 둔
발아되지 않은 홀씨의 사랑

복사꽃

견고한 관념의 고립을 견디던
무던한 참을성마저
분열하는 무아의 뜨거움에 무너져
몸을 열었다
허물 벗을 때마다
관습의 죄도 함께 벗어 던지던
당당한 욕망이다

연분홍 매혹적인 몸매 나긋이
수밀도의 본능으로
옷고름 여몄다가 풀었다가
난만히 즐기는 관음觀淫
향긋한 유혹에
단물 흠씬 배어드는 성숙을
약속하는 표정이다

꽃으로 그대를 본 순간부터
상상으로 탐하는 복숭아의 속살
흥건히 젖는
달콤한 전율이다

자귀나무 꽃

속눈썹 참 곱다
내리깔은 시선엔 지극한 사모

무관심에 토라졌다가도
은근한 속삭임에
못 이기는 척 돌아누워
밤마다 끌어안는 사랑스러운 몸짓
마음이 먼저 기억하는 설렘
금실지락의 나른한 만족
야합화라고 하지

사랑 포갠 마음엔
눈웃음으로 흘린 향기 넘치니
요염한 교태에
폭죽처럼 터지는 감당 못 할 환희
불꽃놀이 황홀하여
합환화라 하지

사랑의 언약
잊지 않고 돌보다가
활짝 피어 지키는 약속이구나.

문영길 시집
업둥이

인쇄일: 2017년 10월 18일
발행일: 2017년 10월 25일

지은이: 문영길
펴낸이: 최경식
펴낸곳: 도서출판 청옥문학사
인쇄처: 세종문화사

등록번호 제10-11-05호
E-mail: sik620@hanmail.net
전화: 051-517-6068

값 10,000원

ISBN 978-89-97805-64-8 03810

이 도서의 국립중앙도서관 출판예정도서목록(cip)은 서지정보유통지원시스템 홈페이지(http://seoji.nl.go.kr)와 국가자료공동목록시스템(http://www.nl.go.kr/kolisnet)에서 이용하실 수 있습니다.(cip2017027130)

* 본 도서는 2017년 부산광역시, 부산문화재단 지역문화예술특성화지원사업으로 지원을 받았습니다.

* 이 책의 무단전재 및 복제행위는 저작권법에 의거, 처벌의 대상이 됩니다.